불꽃은
사이프러스 나무
위에서 피고

국립중앙도서관 출판예정도서목록(CIP)

불꽃은 사이프러스 나무 위에서 피고 / 지은이: 송용일. --
서울 : 문학공원, 2015
　p. ;　cm

ISBN 978-89-6577-152-4 03810 : ₩10000

한국 현대시[韓國現代詩]

811.7-KDC6
895.715-DDC23　　　　CIP2015024868

문학공원 시선 100

불꽃은 사이프러스 나무 위에서 피고

송용일 시집

문학공원

시집을 내며

가다가다 보면 좋은 길도 나오리라
살다살다 보면 좋은 꼴도 보리라
쓰다쓰다 보면 좋은 글도 쓰리라 생각하였는데
갈수록 메말라 가는 졸시 안타깝습니다

시집 제3집을 내면서 부끄러워지는 것
스스로 알고 있지만, 감히 선을 보입니다
군더더기 없고 간결하게 쓰고 싶은 마음
오히려 감동이 없는 졸시가 되었습니다.

기왕 태어난 자식 좀 모자란다고 생각되지만
햇볕을 보이고 싶은 마음으로
많은 이해를 구합니다.

2015년 가을

홍마 송 용 일

추억의 기호화

김 순 진(문학평론가 · 고려대 평생교육원 교수)

송용일 시인은 캐나다에 거주하고 있는 시인이다. 그런데 그는 외국에서 살면서 한국의 보통 시인들보다 더욱 좋은 시를 쓴다.

그가 이렇게 좋은 시를 쓸 수 있는 능력은 어디서 생기는 것일까? 그는 단순히 기억에 의존하는 한국말을 사용하는 것이 아니라 그는 추억과 경험을 계속해서 우리말에 응용한다. 그리하여 그의 단어들은 소멸되거나 잊혀지지 않고 계속해서 생명을 유지한다. 그런 가장 큰 이유는 그가 추억을 기호화하고 있다는 점이다.

그의 추억은 그가 어릴 때 느낀 것이거나 한국에 살고 있을 때의 이야기지만 그이 시어들은 거의 대부분 추상적인 것들로 이루어져 있다. 이는 추억과 경험을 생각과 버무려내 연상작용을 해내는 출중한 능력이 있기 때문이다.

그가 거의 하루도 빼지 않고 한국스토리문인협회 카페에 와서 활동한 지 10년 여년이 되어간다. 그만큼 그는 스스로에게 시적 기회를 주고 있던 것이었다. 이제 한국스토리인협회 회원들은 하루라도 그의 시를 읽지 않고는 궁금해서 못 배긴다.

차례

1부 거리의 악사

2부. 시간의 색깔

3부. 사월의 눈보라

4부. 이방인

5부. 새는 울어 새벽을 열고

1부
거리의 악사

나무의 문신

고목 한 그루 서각書刻으로 난해하다
문신文身을 새긴 직립은
나무의 자서전
질곡의 흐름에 마디마디 옹이져
빛으로 글씨를 쓰고
바람으로 그 글 새겼다
음각은 속이 깊어 안으로 스며드니
색깔은 내공으로 피어
시절을 좇아 푸르고 붉다
새들의 입방아에 청설모도 아우니
더러는 난해하고 감동적인 듯
담담한 나무의 귀
허공이 꺾일 때마다 흔들린다
속내는 미래가 되어 심안을 부르니
세월로 무늬가 되느니

거리의 악사

음표들이 옷깃을 붙잡고 속삭인다
발걸음에 읍소를 하는 듯

동전들이 연민에 젖어있다
삶들 사이에 여백을 주는 것인데

썰렁한 분위기는 일방통행이 아닐는지
음표들이 제 몸을 갈고 닦았을 때는
장밋빛 내일을 기약했을 터
화려한 무대는 신기루였어
눈을 감고 음률을 누비는 악사
무의식 선상의 고독이
구석에 자리하는 순백을 찾는다
아우지 않는 관계는
공짜라도 반대급부는 그라운드 제로

불꽃은 사이프러스 나무 위에서 피고

태양을 희망이라며 노란 해바라기를 사랑했다
까마귀는 태양의 흑점이려니
삶과 죽음 그로 목말랐던 이글거렸던 삶

"별이 빛나는 밤"이란 불려진 이름은 한 폭의 그림
황금빛 밀밭을 하늘은 어둡게 자리한다

밀밭에 바람이 분다
붓끝이 되어 하늘을 향한 탓일까
바라기 되어 햇볕을 삼키며 캔버스를 노랗게 채색했다

다가서는 코리도의 잘린 귀
태양을 보지 못할까 그도 눈 대신 귀를 자른 것이다

오메르 시에즈의 라브 여인숙
조명 하나 없는 방
초록빛 압센트 술 향기에 태양이 취하기를 바라며
환각이라하지만 가슴에 흑점을 남겼다

태양의 흑점을 쫓아간 반 고흐
37번 해를 돌았을 뿐인데
불꽃은 사이프러스 나무위에서 피고

새벽 호숫가에서

잠자는 모습이 아름답다
부스스 일어나는 호수 발걸음 소리에 놀랐나 보다

물비늘은 새들의 날갯짓
먼저 새벽을 열고 있다

하루를 시작하는 호수에 피사체들이 모이니
놀고먹는 줄만 알았는데 열심히 살고 있었네

호수의 화필은 햇살이 들여다볼수록
일필지휘 돋보인다

그들 또한 물이아니면
제 모습 어떻게 그릴까

내 마음의 호수
새겨지는 오늘의 그림이 궁금하다

시밭

초록을 밀어내는 흙을 본다
존재를 알리는 것이다
색깔의 모태로 원천이 일어서고 있다
눈요기를 가늠하며 수시로 머무는
초록을 짙게 하는 꽃밭의 살은
모두 색이 된다
말씀이 된다
식당에 가는 날 몹시도 들락거렸다
바람의 저항 앞에
귀갓길 달구지는 힘에 겨웠지
심상은 침잠하고
착상의 빛은 그늘이 져
시 밭은 색이 바래고
몸의 살은 모두 무게가 되었다

새벽의 증언

산책길에 새벽의 증언을 듣는다
난자된 모습은 늘 부려져있는 뭉개 털
지난밤을 고변하고 있다
새벽이 더듬거리며 증언을 하는데
포식자를 감싸 안았던 어둠에
사유를 다그치듯 물었다
그의 전유물은 역시 묵비권
어둠이었고 밤이었다
함포 사격으로 웅덩이가 된 집터에
늘 부려져있던 사진들은
목 놓아 기다렸던 새들이었다
지치면 돌아오리라고 믿었던 새들이었다
전쟁의 역사는 어둔 밤
말없이 전쟁은 서로가 멈추었어도
새들은 돌아오지 않았다
둥지 속으로 어둠이 찾아들 때
낮은 그 자리 터 또 내어주려나

연리지

장갑 한 짝 버려져 있다
외면을 했는데도 말을 건다

젊은 시절 짝꿍도 있었다네
다섯 식구 거느렸는데
토사구팽을 당했다고 하소연이 절절하다

체온이 그립다나
노숙은 선택이 아니라 운명이란다

오가는 이 뉘 있어 손 한 번 잡아달라네
바람이라도 불어준다면

짝을 찾아 기웃거리고 싶은 기러기
가진 것은 오직 송금영수증 뿐이다

깡통

껍데기다. 껍데기
깡통 한 개 울부짖고 있다
허우대는 멀쩡한 데
속 알맹이가 비어있다
생각 없이 냅다 질렀다
깨강깽 깨강깽
소리가 요란하다
옮겨 들으니
알맹이 빼 먹은 놈 나와라
소갈머리 빼먹은 놈 나와라
내 귀에는 왜 그렇게
들릴까

양말

외출을 벗은 양말 구석에 밀쳐져 있다
뒤틀린 몸에 역한 냄새

낮고 그늘져 모두가 쳐다보이는데
걸려있는 옷이 보인다

품위도 의젓하게 덮게까지 쓰고 있다
더 높은 곳에 모자가 있네

모두가 한솥밥을 먹고 살았는데
한 핏줄인데 태생이 문제야

총수가 총수를 낳는 것 아닌가
그것도 세습으로

하기야 나보다 못한 신발이 있어
그놈은 방에도 들어오지도 못하지 않나

출발을 기다리는 달구지 기사들
주인의 서열을 따져본다

깍짓손 느슨할 때

비탈진 지붕이 바람을 쓸어내리고 있다
ㄱㄴㄷㄹ 그들은 깍지 손을 끼고 가지런하다
느슨할 때는 별들이 새고 달이 새고
하늘과 우리는 직선거리
비가 오는 날이면 양푼들이 사열하고 있었다
지붕은 아직도 잔설을 입에 물고 있다
비탈에는 유년이 갈퀴에 걸려
잔설을 머금고 가랑잎은 산기슭을 내려왔지
이빨 사이로 하루가 새고 있었어
고향은 언제나 경사가 기울어있다
깍지를 끼고 있을 때 손은 후회가 없다
어머니는 검지를 잡고 있었지
잡는 쪽은 내가 아니었다
느슨해 할 때는 지붕 위에서 옷을 날리고 있었어
수직으로 다가서는 하늘을 안았지
너무 기울었던 지난날이었어

중산층

긴긴 시간 앉아있었다
눈을 놓지 않는 컴퓨터가 주리를 튼다
비틀거리며 일어서다 엉거주춤하는 모습
무너지는 나의 중산층
머리에만 치중하니 하체는 있는 둥 마는 둥
부실하고 보잘것없다
중심이 제구실 못하니 척추 대간인들 어떻게 세울까
튼실한 허리도 한때
보철이라도 덧대려하니 수술이 여의치 않다
꿩 대신 닭이라고 기대보는 세라믹 벨트
대책을 기다리는 중산층
뼈대는 점점 구멍이 뚫리고

치매

우듬지 난간에 걸린 테이프
기억을 현상하고 있다
나부낄 때마다
햇볕에 흔들리는 뻔적이는 의식
가출한 듯 집을 찾는다
겨울이 온다고 울상을 지으며
몸을 비우려는 듯 바람에 호소한다
안쓰러운 이야기 듣고 보니
홀몸노인 같기도 하고
아우는 사람도 있는 듯 한데
그리움들은 어디서 흔들리는 지

바람 편에 나 또한 물어본다
너라도 찾을 길 없겠느냐
들리는 소리
남의 일 아니라 한다

빈틈

빈틈이 좋다
사람 사이면 더더욱
배려 같기도 하지만 관용 같기도 하다
나무가 낳은 많은 가지들의 간격
틈새를 내어 주고 있지 않은가
바람의 길이지 서로가 더불어 사는 길이다
마음을 붙일 수 있는 틈바구니 여백을 느껴 좋다
뭉게뭉게 한 흰 구름도 틈이 있기에
마음을 싣고 상념을 키우지
먹구름 지면 그들의 세상이라 한껏 자부하지만
결국 눈물을 흘리지
틈새는 배려하는듯하나 내가 사는 길
폴리스 라인도 헐렁할 때는 나부낀다
성근 이빨 사이로 흐르는 웃음
나에게는 부담 없어 좋다

소화전

묵언의 직립이다
믿음직스러운 모습
존재에 무게를 두고 있다
팔을 걷어붙이고 눈에 불을 켜면
보는 이마다 그늘이 진다
존재만으로 든든하다
주차금지 팻말이 없어도
눈앞에 얼씬도 하지 못하니
호령이 쩡쩡하다는 것은 목소리가 아니다
사랑방에 자리한 아버지도 묵언이라도

헛기침 소리 하나에도 집안은 조용하였다
언제나 세월은 비켜가는 줄 알았지
색이 바랬다고 투덜대기만 하였으니
여생 앞에서 자식들 욕이라도 얻어먹을까
말없이 몸단장까지 하였는데
눈길은 엷어졌어

벌목

하늘을 물고 구름으로 피는 나무의 하소연
톱날이 헤죽헤죽 웃는다

숲속 빈터는 햇빛의 나들목으로
나무들의 묘지
나무가 누렸던 마지막 비탈이다

직립하는 나무일수록
공포의 하직이 서로 엉킨다

성능저하라는 딱지 앞에
불복하는 거목
톱날이 가파르게 숨을 고르니

명예퇴직으로 이력이 되는
남긴 것은 오직 그루터기 붉은 혈서
회오리치고 있는 직립의 유언이다

투신

공중의 소리는 새소리
그들만의 이야기란 지난 이야기

인간의 소리 잡다하다

승강과 하강 사이 엘리베이터에는
층층이 풍경도 냄새도 다양하다

맛이 있으니 그곳은 식당
아픈 소리 들리니 병원인 듯

하늘은 하나 푸른 창공인데
벌집 같은 집에는 높은음자리

내리고 싶은 곳에는
간판이 없네

외벽

바깥은 바깥으로 바깥에 섭니다 안쪽도 때로는 바깥, 배려나 보호는 바깥의 숙명으로, 닦는 것과 닦이는 것은 서로 달라. 안이라도 공격 앞에 서면 바깥이 되는 것

햇빛도 때로는 자존심을 건드립니다 허점들이 들어나 설익어 서는 일, 품을 것이 많은 세상은 빈틈이 없습니다 빈틈이 많았던 지난날 고달팠던 우리, 양파가 어떻게 살아가고 있는지, 바깥도 안이고 안도 바깥인 오늘, 맞벌이가 낯설지 않습니다

벽은 엷어진 것이 아니고 밖이 거세기 때문입니다. 어느덧 안이 밖이 되고 있어, 안이 환하게 보이는 바깥, 안이 되었다는 사실에 어정쩡한 바깥입니다

노예시장

허기는 새우잠을 부르고 새우잠은 노동을 읊고 노동은 고용주를 먹이고 고용주는 알선업자를 키우고 알선업자는 불법소개소를 열고 불법소개소는 인신매매를 자행하고 인신매매는 돈을 요구하고 돈은 실종을 낳고 실종은 노모를 울리고 노모는 친절을 보고 친절은 절친이 되고 절친은 음모를 낳고 음모는 사기를 치는, 언제 그랬더냐는 듯 시치미를 뚝 떼는 탈바가지들 퉤 퉤, 순간이 순간을 보고 힐난하고, 단면이 단면을 보고 어르고, 어둠이 우화羽化하는 우리들 사이, 참삶의 미학은 없는지, 울고 웃는 면면들의 단상의 고리

석화石花

파도는 바람이라네
석녀라 하더라도 사랑하기 나름이라며
철썩거리는 파도는 말을 한다
하얗게 부서지는 사랑의 언어들
힘찬 너울로 으르렁거린다
달은 사랑의 매파이려니 울부짖는 파도의 절규
구애가 처절하듯
파도의 애무는 눈물겨워 말없이 잉태가 찾아드니
아낙네들은 조산을 맡았어
우윳빛 출산을 하였지
바다는 기댈 수 있는 언덕
바위인들 꽃을 어이 피울 수 없으랴
금언을 낳고 있었어

욕창褥瘡

냉장고 속 사과들이
버려진 시간을 말하고 있다

물기는 달아나 쭈글쭈글한 모습
원형을 잃어
존재의 무게로 납작하다
붙박이 된 허공
어둠을 함께 한지 오래였었네

바닥을 짊어진 독거노인
수분을 잡으려다 각진 모습
등은 허물어져 악취가 풍긴다

한 몸이라 하지만
어차피 밟히는 쪽이 있기 마련
제 몸이라 해도 피할 수 없다

저간這間의 흐름
다를 바 없으니
그 아픔 살갑게 이웃할 수 없을까

추색秋色 삼만 섬[1]

하늘이 물속에 잠겼다
구름이 뭉게뭉게 섬이 되었네
촘촘한 그들
섬과 섬들이 서로를 안고
물을 끼고 휘돌아 간다
가을이라
눈길마다 붉게 물들었으니
그들이 부럽다
언제 이렇듯 사랑한 적 있던가
그들 사이 끼어드니
착잡한 심정
다가서는 만남에는
붉게 말을 해야지

---

1) 삼만 섬: 캐나다 조지안베이에 있는 삼만 개나 된다는 섬

보험

매달 통장을 열어보면 얄미운 얼굴
빚진 것도 없는데 가정假定을 전제로 좌정하는 놈
유비무환이라며 협박을 하고 있다
뒤돌아보아도 허탈하기만 한
득을 본 기억도 없는데 후일을 앞세우니 아리송하다
눈 뜨고 산다고 생각하였으나 당한 흔적뿐
사람들 약점만 노려 합법적으로 갈취를 하니
날이 갈수록 억울하기만 하다
코 빼먹는 놈 따로 없으니 지옥을 담보로도
공갈을 칠 것인지 비정상의 정상은 아닌지

벽

곁만 보시지 마시라
한 치 양보도 없다고 손가락질하다니
거부하는 것이 아니고 보호하는 것이니
보이지 않는다고 품속이 옒다고 생각하는지
바깥만 보는 사람들 그들만의 생각이지
널따란 품을 담쟁이는 잘 알아
기대고 올라 속내를 드려다 보느니
벽이다 싶으면 쳐다보기보다 들여다보는 것
품는다는 것이 곁보기보다 어떻게 다른지
허물어지는 벽은 가슴에 못으로 박혀
영광은 상처로 남을 뿐
깊이는 상흔이 되어 골이 되는 것
허물기보다 들여다보는 것이 바람직한데
한때는 넓은 가슴이 아니던가
벽이란 다른 말로 보호라는 것
뒤돌아보면 알게 되려니

자유의 길이

개 한 마리 목줄이 길다 쏠리는 눈길에 다가서는 긴장, 주저하는 발걸음 감출 수 없다 개가 누려야 하는 자유에 다가서는 두려움, 자유의 반경은 공포의 그늘, 그 줄 풀리면 구심력은 느슨하고 궤도를 벗어나게 되니, 개에겐 다함이 없는 자유는 막연히 공포가 되느니

자유의 길이는 두려움의 크기, 촛불 그늘 아래
그 빛 밝을지라도 어두움은 바깥에 있으니

갱도坑道

수직은 수평을 낳고 수평이 수직을 낳는
어둠을 토하는 어둠의 가계家系
서로들 말은 없어 뼈들은 사각 모양이거나 둥글어
정과 폭발들은 수족으로 생명을 키운다
암흑은 속에도 있고 밖에도 있어
입과 손이 있는 곳이 막장이야
흔적이 길이 되는 곳 새까만 사람들의 세상
개미들의 까만 사유가 선다
밧줄은 유일한 생명줄
때로는 숨을 죽이는 반란이 되는 것
그들을 쫓아 구석진 곳을 채집하니
어둠은 그들이 마시고 빛은 우리가 마시지
제살 깎으며 바닥으로 살아야만 하는 갱도
언제까지 바닥으로 살아야하는지
바닥이 또 바닥을 낳으니 밑바닥은 어딘지
좌우명은 밑을 보고 살자는 것이지만

2부
시간의 색깔

귀태鬼胎

이른 새벽 잔디를 깎는다
소음을 이기고 다가서는 냄새가 풋풋하다
며칠 전 기억도 새롭게 한주먹 깻잎은
향기가 고소하였지
자기만의 냄새 가꾸고 싶다
저간這間의 냄새는 눈살 찌푸리는 귀태다
귀태[耳]는 난청을 낳고
코태[嗅]는 악취를 낳고
입태[口]는 구취를 낳으니
삶의 터전에 덧칠하는
태어나지 말아야 하는 것들
걱정스러운 나의 냄새

염재炎宰

기온이 뚝 떨어졌다
섭씨 40도를 오르내리던 더위
장대비를 내리고 천둥을 치고서야 조용하다
잠을 설친 간밤의 소란
염재炎宰가 하야하는 소리 모두가 공포에 떨었다
권좌에서 물러나는 그때도 불꽃은 튀고 낙루落淚가 있었지
고요할 때는 이야기가 깊다
한밤의 총소리 몸이 뜨거웠던 그날도
돌아서는 뒷모습은 차가웠다
그 사람도 흔적만 남겼어 뜨거움에 지친 상처들이
이곳저곳 즐비하다

뒷걸음

아침 햇살이 따갑다

눈이 부셔 걸을 수가 없네
선글라스를 낀다

다르지 않은 햇살 역시 따가워
궁여지책으로
뒤돌아서니 시야가 밝다

해를 등지고도 걸을 수 있을까
삶의 터전을 떠나올 때도 그랬다

낯선 뒷걸음
우려를 딛고도 잘도 걷는다
걸어온 길이 방향이 되네

서산에 걸린 낮달
둥근 모습 잃지 않으려
저도 뒷걸음치나 보다

포부

아침 햇살 등지니
나의 그림자 길다

한나절
허둥지둥하다가
그 그림자 잊어버렸다

해넘이 노을에
되새겨지니
기나긴 그 그림자

잊힌 나의 포부

백내장

시야가 뿌옇다

안개 낀 세상 백내장이란다
수술을 하라는데 칼질이 두렵다

왼쪽 눈이라 하네
눈만 가려도 알 것 같은데 진단과정이 거창스럽다

잘만 보이면 되는데 잘 살면 그만인데
오른쪽 왼쪽 헤집고 까발리는

오늘의 세상사 짜증스럽다

수술이 갈급하다
칼잡이 손은 어느 쪽인지

빛을 찾아가는 세상
예약날짜가 멀기도 하다

내영혼의 가시거리

소실점을 찾아
시력 1.5를 목에 걸었다

흐린 날도 아닌데 검안의는 덧대었다

멀리 더 멀리 되도록 저 멀리
미세입자들은 시정장애와는 달리

비도 안개도 여기에서 벗어난 듯
망각은 세월을 낳아 허상을 세웠어

사잇각은 벌어져 도수를 올렸다
안으로 파고드는 역방향
확대경은 안타까운 듯 서성인다

어둠과는 거리가 역력해
칠흑 같은 밤도 눈에 익어 보이는 거리

내밀의 세계는
내 영혼의 가시거리

무단점거

간절한 호소가 바닥에 흐른다
소통이 직선인 도로
나무 한 그루 바닥에 누워있다
밑둥치를 들어내니 지난밤 바람의 기억이 새롭다
견딜만한 바람인데 딸린 가지가 그렇듯 많아
춘궁기 보챔에 못 이겨 밑천을 보였나 보다
절박한 호소 얼마나 다급하기에
길을 가로질러 누었을까
앞앞에 하소연 할 수도 없는 일
사유가 다가선다
불편을 주었던 무단점거 역겨워보여도
그들 나름 직통전화를 걸고 있었던 거지

참선

호젓한 산책길
휴지 한 장 버릴 곳 마땅치 않아 걸음걸이 망설이는데
모퉁이 돌아서니 좌정하고 있는 쓰레기통
그토록 다녔는데 몰랐다니
관찰력에 자책을 한다
눈만 있다고 보는 것이 아니고 들리는 것도 귀만 아니라 한다
마음의 소리 들린다
마음 가는 곳에 사랑도 보이고 행복도 열린다네
짙어지는 어두움 속에서 명철이 다가서니
소리도 들리고 주위도 밝아진다
마음이 안으로 찾아드니
다가서는 가야할 길

명상

한 마리 오리 파고를 일으킨다
어디로 나르는지 의문의 물비늘
예민한 것은 물피만 아니다
명상이 깨어지고 있다
흐르는 물을 보니 갈 곳을 어이 알아
저렇듯 흐르고 있는 것일까
보지도 듣지도 못한 가야할 길을
하루를 사는 것이 억겹으로 가는 길이라는데

반사

서쪽 하늘이 눈이 부시다
해가 서녘에서도 돋다니 멀쩡한 눈
착시가 아니려나

유리벽의 반사 우글거리는 복사다
반사가 반사를 낳아
실체가 어딘지 어리둥절하다

시간의 화석 앞에서
뒤척이는 퇴적물을 본다
달도 별도 흔적도 없다

임재했던 은은한 종소리
땅 끝까지 들리려나
희미한 내 몸의 반사 잿빛 소리

말뚝의 경고

길목 어귀를 버티는 말뚝 자연보호구역이란다
손에는 든 것도 걸친 것도 하나 없는데
그리도 당당하고 근엄한지 아무도 거역하지 못한다
묵언을 하는 말 모두 안다
오염을 거부하는 자세
얼굴을 자세히 보니 환경보호원인지 그린피스 대원인지
거리낌 없는 늠름한 모습이다
한발 들어서니 인사를 나누는 색깔들이 있다
고즈넉한 숲속의 이야기 웃음 띤 얼굴들
마음의 평화를 만끽한다
그길 나서니 하직하는 말뚝 뒷배는 불문율이라네

갈등의 원점

햇볕이 가을을 말한다
숲은 눈부신데 웃고 있는 것은 우듬지뿐
밑둥치들은 그늘져 있다
자투리 햇볕 징검다리로 노니니
그 빛 밝히고 싶으나
수많은 가지 우거져 간벌도 어렵다
농익은 산 사과 한 그루 주렁주렁
하늘이 높아
한입 가득 물고 쳐다보니
더 높은 곳에 낮달이 있네
햇볕이 지겹다는 희멀건 흰 목소리
고르지 않다는 그 말은
다가서는 갈등의 원점

발의 악수

악수는 손으로만 하는 줄 알았다
케리 국무장관이 잡은 발
제 몫을 내민다
눈이 없어도 밝게 다가서고
들리지 않아도 부를 수 있으니
부족한 부분을 채워주는 우리들의 몸
우주가 아닌가
원하는 바가 같으니 인권은 당연한 것
인권 담당자가 내미는 발도
그 말이 틀림이 없다
무소유가 소유를 대신하는 것이라고
무無는 언제나 유有 앞에 있었어
불후의 걸작들이 잉태한 그 원천
무소유를 생각한다
불구란 불편할 뿐
다만 남과 다르다는 것이다

가슴으로 살아야 하는데

가을은 불타는 계절
불꽃 속에 휩싸이니
타는 듯 앙가슴 환하게 열린다
나른하게 찾아드는 온기
잊은 듯 느껴보니
그 사랑 처음처럼 따스하다
어이 알아 찾아온 불꽃인지
기억의 언저리 뜨거워야 열리는 가슴
뒤돌아서니 멀어지려네
식어가는 모습
아쉬워 뒤돌아 다시 태워도
남는 것은 머릿속 차가운 불꽃
뜨겁도록 태우는 것은 가슴이구나
가슴 한번 타본 일 있었던가
기억을 못하는 머리
차갑기만 하다

섶다리

풍경이 물에 돋보이니 섶다리는 그렇게 생겼어, 물과 골이 조우를 하는 곳에, 곡선 어딘가 직선을 잠깐 긋는 일, 솔가지와 나무로 대충 강심을 건너는 거지, 자연을 거역하려는 것이 아니라, 자연이 싫으면 자연의 뜻대로 하소서 맡기는 일, 섶다리를 걷고 싶어 섶다리 삶이면 어떤가 싶어. 서글픈 상념이 궤를 같이하지 않도록, 걱정일랑 내일도 날이 거니 그렇게 살고 싶어, 쳐다보는 이는 물 뿐이거든, 흐르고 보면 모두가 허공

행복

먹구름 사이로 다가서는 해는 나를 어떻게 알았을까
참모습 바로 보기가 어려운데 구름 사이로 그 모습 뚜렷하다
잎이 떨어지니 앙상한 동목冬木들 간격을 내어주니
가지들 사이로 피안이 보인다
행복이 어떻게 생겼는지 안개 낀 언덕길 오르내리듯
오늘이 여느 날 같다고 불평들 하지만
병들고 고달프니 고통苦痛 사이로 너의 모습 비로소 뚜렷하다
많은 날 행복하였구나

풍조風潮

후다닥 하얀 봉지 한 장이 들어옵니다
어처구니없어 밖으로 떠미니
막무가내로 고개를 들이밀기에
차림도 깨끗해 멱살을 잡고 들여다보니
봄바람이 웃고 있었습니다

길섶에는 아직도 잔설이 주춤거리며
구름이 되려다 주저앉은 듯 넋을 잃고 있습니다
바람이란 발길을 보채기도 하지만
소식도 알려주나 봅니다

은둔의 세월은 나의 일상이며
세상이 바뀌어도
귀를 막고 사는 자신이 보입니다

흐르는 세월도 모르느냐고 바람이 꾸짖기에
생각나는 사람 문득 떠올랐습니다
동창이 밝았다고 자리를 제치며 다그치던 어머니
책망하듯 보였지만 사랑이었습니다

봄바람은 쌀쌀하여도
가슴에 와닿는 그리움입니다

먼저 손 한 번 내밀었던가

손바닥 위로 새들이 모여든다
소통의 지름길은 먹이

경계심을 푸는 그들
사람 사이 벽을 허물고 있다

부처가 손을 내미는 사유를 알았다
다가서라는 것이지
진리가 있다고

산과 물 사이 벽이 높아도
맑게 하늘이 열리면
산은 물속으로 제 모습 선뜻 내밀지

당신과 나 사이
가깝고도 멀다고 느끼는 것은
먼저 손 한번 내밀지 못하기 때문이지

한 땀 삶을 누비며

한 벌의 삶을 누비고 있다
원단은 넓으나 질감은 주어진 것
무지개를 좇아 옷본을 그렸지
원하는 모양으로 잘랐어
퍼즐을 맞추듯 핀으로 마디를 꽂고
무늬도 앞뒤도 어긋나지 않게
한 땀 한 땀 삶을 누볐는데
버려진 자투리 마음 둘 겨를도 없이
마금질하라는 다가서는 날짜
귀뚱이는 울어도
마무리해야 하는 다림질
쭈글쭈글한 나의 모습
80도 열에 바래지기나 할런지

눈동자에 별은 빛나고

빛의 말에는 소리가 없다
하지만 그 뜻 놓친 적 없으니
반짝이는 눈빛도 그러하고
함박눈도 다름이 없네
살포시 내릴 때는 따뜻한 가슴
분분히 내리면 먹구름 진다네
초승달이라 여겨지니
스미는 달빛마저 애처롭다
눈빛이야 보내는 이의 마음
그 빛 쌓이니 몸조차 가눌 길 없네
색은 빛깔이려니
의미를 붙이니 모습이 다가선다
생각은 머릿속에 엉키는데
왜 가슴앓이하는가
창백한 얼굴로 돌아서는
그대 눈동자에 별은 빛나고

봄과 해방

뒷걸음치는 눈들 사이로 잔디가 모습을 드러낸다
해방이나 된 듯 얼음을 털고 기지개를 켜니
내 마음도 홀가분하다
억압받았던 지난 시절 36년을 어떻게 견뎠는지
답답한 마음
그 아픔 그들 몫만 아니었네
벌겋게 화를 내는 손톱 자세히 보니
작은 가시 하나 끼어들어 온몸이 항거하고 있다
그 침입자 눈에도 잘 보이지 않는데

세월호 따라 그 꽃 떨어졌으니

꽃이라 불렀으니 낙화라 아니할 수 없다
고이 자랐으니 누군들 꽃이 아니랴
우수수 영문도 몰랐다
떨어질 때 얼마나 무서웠을까
절망 앞에서 서로를 보고
눈앞이 캄캄하였으리
"사랑해" 그 말은 최후의 언어였다
물에 젖어 다가서는 사선死線에
하늘도 무심하였으니
바람 탓이라 할까
물살 탓이라 할까
나무라네
믿었던 둥치라네
버팀목이 주는 말에 한 점 의문도 없이
믿음은 낙화로 이어지고
떨어지고 나니 입들만 무성하다
누구는 꽃이 진다고 하고
누구는 꽃이 졌다 하네
낙화는 말이 없으니 삿대질만 하는 그들
꽃고물 챙기려 저울질만 하고 있다

세월 깊이 그 꽃 떨어졌으니
마음속 깊이 영원히 자리하려니

동변상련

몸을 끌고 가는 길은 병원가는 길
달구지가 덜덜거린다
살펴보니 네 발을 모아 떨고 있다
너무도 떨기에
내친걸음 그들 병원으로 먼저 가니
가는 곳 마다 말이 다르다
앞다리 운운하는가 하면
척추가 탈이라 하고
혹자는 신발이 문제란다
아픈 곳 말 좀 하라고 하였더니
말끝이 흐리다
의사 앞에 서면 왜 멍한지
쳐다보는 동병상련

사선斜線은 역동적이야

맹견 한 마리 서성거린다
우리는 대치된 상태
드리워진 개 줄이 팽팽하다
주인이 방향을 잡는 고삐에
긴장이 흐른다
비탈에는 빗금이 꿈틀거려
활강하는 모습들이 살아있다
겨울과 여름은 극과 극
봄과 가을은 서성이는 사잇철
기울기가 있어 싱싱하다
오른쪽에서 왼쪽으로
왼쪽에서 오른쪽으로
기울기가 설 때 역동적이라는데
신문들은 사선들이 노는 장마당
아침부터 심란하다

시간의 색깔

우물쭈물하는 시간을 본다
갈피를 몰라 서성이니 빛은 회색빛
얼이 빠진 듯 흐느적하다
파랗게 눈알을 부라릴 때는 쫓다시피 따라갔었지
빨갛게 보이면 멈추었고 노랗다 싶으면 방향을 바꾸었다
어쩌다 깜박이면 삶을 다그쳤지
시간은 생의 길잡이 푯대를 감추고 있었어
언젠가부터 뒤따르는 시간을 보았다
빛을 잃은 듯 희멀건 하고
파란불도 스스로 켜지 못하고
빨간불도 내가 켜야 하는
멍청한 시간을 보았어
쳐다보기만 하는

허벅지

탐스러운 과일도 벗기고 보면
느낌이 반감하듯 속살은 껍질이 된다
닿을수록 무디어지는 눈길
직립하는 심정으로 한 겹 한 겹 껍질을 입혀본다
지난날 그 여인들 원천은 속박이었을까
숨겨진 미덕이 해방이라는 이름 아래
거추장스러운 오늘 날
자유, 개방, 민주화 여기저기 높은음자리
현기증이 난다
그 언제나 동행하려나

낙조落照

나뭇가지에 걸린 낙조 한 무리
파드득거리는 모습이 장관이다
발목이 잡힌 듯 실랑이를 하니
성한 곳 없이 나무는 붉게 멍들어
발걸음을 멈추게 한다
뒷모습을 남겨두고 떠나버리는 해
원망스러운 년年이 아니려나
그리도 바쁜지 줄행랑을 치다니
더디 간들 누가 뭐라나
뒤돌아보는 눈시울이 붉다마는
힐긋힐긋 돌아보는 그 년年
노을이 앉은자리 알토란같은데
매정하기 짝이 없다
그 노을 붙들고 싶으나
붙든다고 떠나는 년年 뒤돌아설까

아집

꺾인 꽃송이
비, 바람을 읊고 있다
홀로 사력을 다했으리
대책 없이 핀 너 또한 문제였다
그 몸매에 한껏 보이려고만 했으니
꺾인 허리 너를 보고 나도 꺾였다
지지대만 믿고 안심하였다니
자생력도 나름대로 있었을 터
왜곡된 생각은 나였지
나 위주의 생각
고비마다 꺾인 허리였다
꺾이고 나니
기다리는 것은 꽃병
그래도 너는 예후가 좋지 않으냐

3부
사월의 눈보라

고무나무

찢길 때 피는 무섭도록 검붉습니다
가늠이 되는 아픔의 척도는 색입니다
흰 피는 고무나무의 피
피도 질릴 때 하얗게 되나 봅니다
온몸이 나선형으로 긁혀
하얗다 못해 서로를 부여잡으니
피들은 탄력이 되었습니다
공원에는 탄력을 잃은 나무들이 많습니다
삼삼오오 모여앉아 껍질을 늘어트리며
질긴 피들을 이야기합니다
여백으로 가득 찬 살가죽 사이에는
신축성을 만끽하는 허공이 있습니다
빠져나간 탄력을 생각합니다
그 피들 어디에서
그 질긴 생명을 잇고 있는지

바람의 손짓

햇빛이 곤두서는 대낮 바람의 손짓을 본다
그늘에 들어서니 재잘거리는 이파리들
깔깔거릴 때는 여백이 있다는 것
여유가 생기니 한낮의 더위도 잊어버린다
그림자도 더불어 수다를 떠니
바람의 이야기 들린다
원두막을 지나 미루나무 사이로
흙먼지 헤치고 단숨에 달려왔단다
어디선가 낯익은 바람이다
신작로 자갈길 여전한지 두고 온 안부를 묻고 싶어
쳐다보니 매미 소리 요란하다
맴- 맴- 마암- 마암- 엄마- 엄마-
불러보고 싶은 그 이름 창공에 오르니
미끈한 몸매가 눈길을 올린다
살결이 하얀 미루나무 배시시 웃고 있다

가는 세월을

다가서는 새벽 햇살
여명을 밀어내고 있다

새벽을 붙들고 싶어
선글라스를 꼈다

주춤거리는 시야들
스톱 사인 앞에서 정지를 한다
세월을 붙들 수도 있구나

순간 들리는 소리
내 안의 허기진 소리
몸속 가득히
시간이 흐르고 있다

귀는 밝아
놓치지를 않는다
몸속에서 울부짖는 촌각들

바늘방석

달팽이 한 마리 나무 위 느긋하다
넓은 세상에 우쭐하나 보다
의문이 일어 궁금한 마음으로
달팽이집 속내로 들어가 본다
바람이 불면 어이 견딜지
떨어질 수 있다는 것은 필연이니
불안한 마음 떨칠 수 없다
어떻게 올랐는지 사연을 알 수 없지만
떨어진다는 것은
고통은 배가되고 순간이 되는 것인데
송충이가 솔잎을 먹어야하듯
자신을 알아야 하느니
땅이 얼마나 너를 기다리는지

재스민차

부유하는 찻잎
부푸는 기대로 흰 구름 보는 듯 두둥실 하다

물을 머금으니 실체가보이네
무게로 살아나는 모습 바닥에 제 몸 내려 향기를 품는다

깡말라 비틀어져도
세월을 이기고 향기를 놓지 않네

흰 구름도 물을 머금어 생명수로 가라앉듯
세월 속에 가라앉는 몸

육탈이 되어도
고운 색깔로 내리고 싶다

구석구석 무색 체로 부유하는 물음표

우산은 날려가고

뚝 뚝 두두 뚝
과녁을 노친 빗방울
살을 타고 눈물을 흘린다

바람 탓이야
빗금을 그은 물방울의 흔적
젖은 몸에는 한기가 든다

우산이라 자처했던 시절
품이 넓어 삶이 활기찼었는데

금융공항은 방울져
빗금을 그었으니
빗방울들이 몸을 적시었다

옷을 벗은 몸
알몸이 되었어
우산은 바람에 날려갔어

가출

가을에 접어드니
여기저기 몸도 붉어지는지
눈꼬리에도 코에서도 출혈이 보인다
왜 밖으로 나오려 할까
세상사 구경하고 싶다는 것인가
보듬을 수 없다는 몸의 말인지
한평생을 같이한 우린데
불편하다 싫어도 견디어야지
하얀 파 뿌리가 어디 그리 쉬운가
떠나보면 하는 말 생각난다
나와 보니 알 것 같다
바라건대 머리는 쳐다보지 마라
너도 가출을 하고 있는 거야

숲속의 빈터

가을이 익으니 널따란 시야
눈이 좋아졌을 까닭이 없는데
훤해지는 사유를 쫓으니 숲 속의 빈터
떨어지는 이파리들이 말을 한다
바닥에 달라붙은 그들
몸을 비우는 나무들 탓이란다
파랗게 보이는 하늘눈이 뻔적 뜨인다
땅도 이렇게 하늘을 볼 수 있구나
나무라 칭하는 그들
몸 좀 비우면 어떨는지
민초들도 하늘을 볼 수 있을 텐데
독식하는 그들
언제까지 푸르려나
영혼의 시야도 기다리는 데

너 역시 국화였어

화사한 네 모습이 좋다

꽃이야 다를 바 없으나 앙증맞은 몸
그것도 남 먼저 피기에 국화가 아니려니 했다

여름이 무성할 때 꽃은 시들어 멋쩍은 네 모습
자리터 아까워 한해살이라고 업신여겨
치워버릴까 망설이다 시월이 되었어

눈길은 엷어 잊은 듯 돌아보았는데
맺힌 꽃망울 돌연변이려니 설마 하였는데

며칠이 지난 후 다시 보니
큼직한 키에 탐스러운 꽃 너 역시 정말 국화였어

뿌리가 깊은 고정관념
원망 어린 눈빛일랑 거두어다오

늦은 가을 어느 날

풀잎에 맺힌 한 방울 찬이슬
언젠가 떨어지려네
햇볕은 스며 그 빛 영롱하고
터질 듯 안고 있는 풍광이 아름답다
이름 모를 새 슬피 울어
강물은 흐르고
노을에 갈 길을 찾는 길손
한없이 바쁘다
허수아비 넋두리
눈물이 진하도록 하염없어
서리꽃 피기 전에 일어나야 하네
낙엽도 제 몸 비우려 구르고 있으니
길은 끝나지 않았어
지는 해 바라보듯
지는 꽃마저도 사랑하고 싶다

색깔의 동상凍傷

한그루 사과나무 동목冬木들 사이 우뚝하다. 많은 열매 겨울을 달고 있다 나의 실낙원 빨갛던 나의 행복. 빨간색도 동상凍傷을 입으니 창백한 모습, 열매 속에도 피가 흐르고 있었구나 헛된 나무의 피, 저들을 위해 봄 여름 잎을 가꾸었다니, 헛보람 앞에 울적한 산 사과나무 차라리 불임不姙이었더라면, 동상凍傷 앞에 저미는 나의 사색思索, 동상凍傷은 5도度의 피멍든 시詩, 결빙을 하얗게 읊는 여울도 간간이 등을 보이니 아직 살아있다는 것이지

겨울꽃

시절을 쫓아 제 몸을 피우니 겨울꽃이라 부르지, 모두에게 꽃이 되는 것은 아니다 보지 못하는 사람도 있고 즐기는 사람도 있지, 눈이 오면 눈꽃도 그러하고 비가 오면 얼음꽃도 그 하나, 보이는 사람에게만 꽃이 되는 것 눈송이도 나름으로 꽃이 되듯, 얼음비도 다를 바 없으니 모두가 꽃이 되기를 바라지만, 꽃으로 보여야 꽃으로 피느니 동목冬木도 시절을 쫓아 꽃을 피웠어, 나무가 되고 싶어

빛의 굴절

선글라스를 꼈다
뚜렷한 사물들의 정체
구석구석 보여도 거리낌이 없다
벗어보니 찰나적 빛 한꺼번에 쏟아진다
제마다 빛을 내다니 모두가 빛이 있었구나
눈이 부셔 뜰 수가 없다
못 이겨 눈을 감으니 마음이 고요하다
귀로도 피부로도 밝아지니 무슨 까닭일까
속으로 밝기가 더하면
가벼워지는 바깥, 공감이 갈까
눈을 뜨니 사방이 깔깔거린다
빛은 직선이 아니라
굴곡이라네
시공時空이 굽어져 말을 한다

나목들의 겨울이야기

이른 봄 나목들의 목소리
부러지고 상처뿐인 그들 햇볕에 하소연하고 있다
지난겨울 너무도 혹독해 기억도 생생한 것 같다
동란 시 각인된 전흔이 되살아난다
바람을 원한 적도 없는데 그들을 탓한 적도 없는데
단지 서 있었을 뿐인데
하늘을 쳐다보고 별을 해인 것이 그들의 전부였는데
땅을 버티고 살려고 한 것이 업보였나 보다
주어진 대가였나 보다

발자국 보이지 않아도

흔적이었었던 길
발자국을 먹고 살았다
눈이 오면 선명해 크기도 하고 작기도 하네
봄이 오면 자취를 감추니 보이지 않는 흔적
그 발자국 보이지 않는다고 믿지 않았으니
말씀인들 어찌 믿을 수 있을까
밟지 않아도 땅이 넓다는 것 의심이 없듯
발걸음 터덜거려도
그 자국 없기야 하겠나

눈사람

사람이라고 생각했습니다
봄이 다가서니 왜 작아지는지
태생은 물이었습니다
눈보라 속에서 읊었습니다
봄맞이하자고 설렜는데
자신을 알게 될 줄 몰랐습니다
주변들은 푸르러 커지는데
왜 작아지는지
빙판들도 다르지 않았습니다
사람이라야 사람이라는
봄이 와도 다름이 없는 그들
태생은 흙이었습니다
물은 물이고 흙은 흙이라는
그들의 말이 들여옵니다

사월의 눈보라

나목마다
발진이 붉게 돋아있다

화신은 신비로워
꽃모습이 멀지도 않는데
찬물을 끼얹다니

사월의 눈보라
심술이 이리도 발끈한지

봄기운에 속내를 좀 보였기로
서릿발 찬 눈은 어인 일인지

모두가 제 모습 찾으며
옷들도 가볍게 변신하는데

새싹들이 목을 움츠리다니
새들도 어리둥절하다

세상살이 녹록치 않다는

그 말하기 어려워
휘날리는 눈보라인지

남도 갯길 봄이 들면

봄동을 씹어본다
막장에 찍어 한입 넣어보면
남도 갯길 봄이 화사하다
이 맛이야
잊었던 봄맛이야
산자락은 아직도 겨울인데
보리 이랑 사이로 봄이 오다니
손길은 아낙네들 손
찬바람 사이로 엉덩이가 질펀하다
맛도 처음이면 더욱 맛있듯
혹독한 겨울을 엎어
맛을 내는 봄동
왜 이리도 푸를까
남 먼저 했던 일 무엇인가
봄 문어 한 마리
오르면 제격일 텐데

그대 누구인지

나무가 말을 하는데, 추위를 무릅쓰고 발가벗고 말을 하는데, 걸치레 하나 없이 말을 하는데, 그대 누구인지 알 수가 없었다 오월의 신록이라 하지만, 잎을 보아도 아리송하고, 꽃을 보아도 종잡을 수 없으니, 열매가 열리면 뒤늦게 알아볼까 처음에는 긴가민가하겠지만, 햇볕을 가린다고 색안경마저 꼈으니, 누구인지 알 턱이 더더욱 없네 그러니 하는 말을 어이 알겠어, 시력은 분명 1.2라지만 귀밝이도 훤한데

빗방울

떨어져야 한다는 것
부서져야 한다는 사실 진즉에 알았습니다
호수는 바램이었으며 바다는 꿈이었습니다
흘러야 살 수 있다기에
어이 흘러야 사는지를 때늦어 알았기에
무거운 몸 어렵사리 떨어졌습니다
아픔이 없는 여정은 없습니다
떨어진 곳이 산이라도 아니 들판이라도
흐르는 것은 우리들의 본능
삶이며 숙명입니다
하나의 빗방울 하늘에서 떨어졌으나
태생은 땅입니다

가을이 다가서니

구월의 문턱이다
산 골짝이마다 띄엄띄엄 혈흔을 앓고 있다
머지않아 만삭이 되고 옥동자를 낳게 되려나
고고의 소리에 매미소리 저물고
고추잠자리 나래 따라 메뚜기들도 춤을 추려니
꽃들이 피고 저문 사유가 한해를 넘기려는데
찾아들 삭풍에 몸이 오싹하다
벌써 봄이 그립다니
다르지 않는 삶 땅을 내려다보니
좁혀드는 땅과의 거리
초록의 말씀이 찡하다

폭포

대지를 포식한 물이
여독旅毒을 풀고 있다
제 몸을 뒤척이며 군무를 보이니
비상하는 물거품
난간은 주어진 기회로 난세에 걸린 무대다
지축을 흔드는 포효가
가슴 깊이 묻혀 무지개를 거니
절벽 앞에 속내를 드러내는 역경의 승화가 아닐는지
어두워야 그 빛 존재를 부각하듯
한계는 성공의 길이 된다
장애가 혼불들의 실마리일진대
담쟁이 같은 강물이라면
무지개 되려니

코스모스

기다렸습니다
목이 빠지도록 기다렸습니다
봉선화 물들이며 꽃 시절 꽃이 되려나
하늘 높이 기다렸습니다
무료하다가 지친 나날 우체통 붉게

다가설 햇볕에 귀를 기울이었습니다
무엇을 보았는지 무엇을 들었는지
일상은 무거웠습니다
아이들이 자라고 아이들이 아이들을 낳고
제 갈 길 가는지도 지켜보았습니다
이제 허리 굽은 키다리 모습
바람 탓이 아닙니다 시절 탓도 아닙니다
알고 보니 삶이란 목이 길어지는 것
때는 석양입니다

들꽃처럼

밀밭 사이 길은 외길
그 길 지나니 즐비한 들꽃
삶은 외져도
그들의 춤사위
아우니 아름다워라
이름이 있어
제 몫 다하려
안간힘 쓰는 화초

안쓰럽기 그지없다
보이기 위해 산다니
그 보람 들꽃만 하랴
들꽃처럼
즐기면 되는 것을

물과 세월

다가서는 강물이
부담스러워 돌아서니 뒷모습이 편안하다
세월을 맞이할 때 가슴 벅차나
지나고 나면 허전하지
일렁이는 물결 주름은 바람이라네
육탈도 세월이라 주름이 지니
삶은 바람이라네
돌아서는 나의 모습
궁금한 뒷모습

4부
이방인

몸아 미안하다

옆지기보다 가까운 것이 넌데
몸아 미안하다
한 번도 사랑해본 적이 없었구나
아파도 너를 탓하고
그늘이 져도 너를 탓했으니
네 탓만 하였구나
위가 망가져도 간이 나빠도
잘못 먹은 탓이거늘
다리가 아프고 허리가 아픈 것도
무리수를 둔 것인데
눈마저 나쁘구나 책도 잘 읽을 수 없고
운동도 할 수도 없으니
마음아 너라도 중심을 잡아
몸을 추슬러 주려무나
나는 누구란 말인가

후광

하늘이 잔뜩 찌푸리고 있다
단풍이 날씨를 탓하듯 무채색 그늘이다
제 모습이 고와서
지난날 아름답다 감탄하였는데
평소와 달라 그 모습 알고 보니 햇볕 탓이네
생기를 불어넣어 주던 햇살
뒷전에서 버티고 있었다
그림이 아름다워도
더 높은 차원을 배경음악이 한 몫 하듯
나에게도 잊은 것이 있다
기쁨이 있어도 자랑할 곳 없고
슬픔이 있어도 기댈 곳 없으니
돌이켜보니 어버이 나에게는 버팀목이었어

열무꽃 필 무렵

걸음에 채이듯 나비 한 마리
제 몸도 노랗게 노란 길을 연다
앉는 곳마다 노란 꽃송이들
난쟁이 민들레
이 가을 다시 오다니
여기저기 많이도 피었다
열무도 이맘때쯤
꽃대를 올려 면사포 날리겠지
나비도 불렀겠다
흰 수건을 머리에 쓴 어머니
이랑을 넘어 밭고랑을 메고 있었어
사뿐히 날아온 어머니
여전히 등은 굽어도 다름이 없네
한 마리 나비
고마워 마냥 따라가네

식솔食率

지난날 밥상은 둥글어 모두가 공전을 하고 있었어, 중심에 앉아 자전을 했었지, 채찍질을 스스로 하던 자전, 넘어지지 않으려 때렸지, 채찍은 세월의 마디를 느꼈어, 갈수록 속도는 느려지고 힘겨워 주저앉으려는데, 그들이 어느덧 자전을 하는 거야, 작은 공전도 그리고 있었어, 속도를 더하는 그들의 자전 앞에 하루를 누이고 있는 요즘, 둥글었던 밥상이 그리움으로 맴도는 조석朝夕, 세월은 기울기가 가파르고

빙목冰木

이글루가 된 나무 위의 집
새들의 둥지는 허공으로 미끄러져
햇빛이 존재를 나타내고 있다
빙목冰木으로 모습이 현란한 빗물
순록의 뿔인 듯
가지는 얼음꽃 같기도 하고 샨데리아 같아
크리스마스 시즌이라 꾸며주신 장식에
감사는 마음이나
어두운 곳도 읽지 않을 수 없네
무게를 이기지 못한 나무들 꺾이고
부러져 삶을 덮쳤으니
암흑천지가 만들어졌어
깜깜한 상봉이 이루어지기도 했지만
흐르는 것이 본성인 물
달라붙고 엉키기까지 하니
고정관념 깨어지는 크리스마스이브

둥지도 때로는 각을 세우지

시작은 목적지를 끝이라 한다
또 다른 시작을 낳는 간격의 언어
원점은 그 말 한마디로 표현이 간결하다
빠르고 늦을 따름인데
여정이 길면 모천이라지
회귀라는 글자가 문패를 각색하고 있는 집
생을 충전하니 둥지라고들 한다
그려지는 그림으로는 둥글어 따뜻하지만
冬木 사이에 걸려있는 공중의 집 앙상하다
얼기설기 엮인 허공의 집
들랑거리는 것은 찬바람뿐
바람이 된 사람들이 사는 집은 공허해
허공을 안고 있으니 가슴은 차거워
각을 낳아 각으로 사는 집
간격 사이에 존재하고 있는 것은 찬바람
둥지도 때로는 각을 세우지

동충하초冬蟲夏草

몸 기척은 한겨울이었다 더미 눈 위에서 얼어붙었지
바람이 풍요로워 느리게나마 녹았어 자유롭다는 말이 외로움을 달랬어
겉치레가 구속이라는 말을 알게 되었지 탈피라는 말이 해체라는 것도
해를 거듭해 계절을 보냈다
어느 해 여름 돋아난 잎새는 무성해 주류主流사회를 덮고 있는 푸르름을 보았어
그늘을 베고 있는 북미의 하늘 이민이라는 삶 동충하초冬蟲夏草지
땅은 국적 피는 고려인, 조선족이라는 민족
고국이라 불리는 그 말 차안此岸보다도 피안彼岸에서 그리도 먼지
보는 하늘 듣는 소식은 같아도 불려질 대명사 한국인을 생각한다
먼 훗날 피붙이들이 부를 이름이여

겨우살이

한겨울 우듬지 난간에
황금빛 얼굴들이 싱싱하다

새 중에서 뻐꾸기가 싫은 것은
남의 집에 제 알을 맡기기 때문이지

겨우살이 그도 한 몸 같은데 원천이 다르니
흡혈을 당하는 굴참나무
누구를 위해 저렇듯 버티고 있는지
살기에도 어려운 계절에 혹까지 달렸으니

더욱 싫은 것은
닿기 어려울수록 귀하다면
1,300미터 팔부능선의 눈밭

그 맥락을 따라 세상사
가늠하지 않는 것이 없으니

줄타기

외줄 하나 하늘에 오르니
호흡은 겸손해 낮은 곳이 보인다
외나무다리도
높이를 알아 제 몸을 술렁거렸지
외줄은 우물 안에도 있었어
한 우물을 파는 외줄 타기
깊이 드리워졌으니
두레박 속에는 하늘이 담겼어
하늘은 열려 어머니는 두 손을 모았지
유일한 길이었어
신神은 좌정하고 있었고
외길로 살아도
균형을 잡아주는 부채
오르니 내려다 볼 수 있었네, 어머니

보이는 곳은 오색 빛 술렁거리는 그늘

그림자

나는 그림자가 좋다
실속이 없다고 비아냥거리지만

욕심 한번 차리지 않고
해바라기되어 시도 때도 가리켜준다

앞설 때는 걸음도 재촉하고
따끈하게 걸어온 길 뒤돌아보라 한다

발목을 부여잡고 놓치지 않으니
실속은 없어도 영원한 반려자다

밟혀도 내색조차 하지 않아
꾸밈없이 형체를 따르니

메아리도 소리의 그림자이듯
물으면 언제나 응답을 하는

우리들의 삶은 연리지
어둠이 들면 함께하려니

낮달 · 2

낮달이 희멀건 하게 웃고 있습니다
모두 잘해보라고
뒷전에서 내려다 봅니다
뒷짐을 지고 있던 아버지도 어깨 너머로
장기판을 들여다 봅니다
빙긋이 웃는 모습으로 훈수를 뜨는 모습
어찌할 바 모를 때 달은 밝아집니다
좌정하는 아버지
사면초가四面楚歌 노래를 부르니
초왕楚王이 도망을 갑니다
곡주 사발 가득히 달이 뜹니다

세월을 가두고 싶을 때

세월을 가두고 싶을 때
나는 눈을 감습니다
지나간 즐거움을 되새겨봅니다

세월을 가두고 싶을 때
나는 별을 바라보며
별마다 피어나는 이야기를 생각합니다

세월을 가두고 싶을 때
어머니 아버지 나의 어린 시절
잔잔한 웃음을 되뇌어봅니다

가둔 세월 속에 그녀도 있기에
분명 사랑이었다고 생각하며
행복해봅니다

모두가 다시 오지 못할
웃음과 즐거움이라 생각하며
마음속 한구석 묻어둡니다

이주의 강제

한 송이 작약꽃
허리가 굽어 삶이 주춤거린다

몽우리 맺혔을 때 삶의 터를 옮겼다

마음껏 피라고 공간을 넓혔는데
적응하라고 안태安胎 흙도 보태었는데

집착하였던 아집으로
꽃망울은 꿈을 잃었다

나만의 생각이었던 꺼진 몽우리
가슴속에서 피고 있다

본향을 그리며

뭐가 안다는 것인지

안다는 것이 무엇인지 뒤돌아보니 예까지 왔다
약관이다 싶었을 때는 뜻을 세우겠다는 일념으로
남들을 알고 싶었고
불혹不惑이다 여겼을 때는 하늘의 뜻이 이것이다 싶어
나를 알아주기 바랐는데
고희古稀를 넘어 망팔望八이 되니 나 자신을 알지 못
하였어
자신을 보지 못하고 예까지 이르렀으니
기껏 알았다는 것이 세월이 빠르다는 것이네

목련꽃 질 무렵

목련꽃 질 무렵 짙어가는 나의 봄
나는 싱그러운 이파리

피었나 했더니 그 꽃잎 떨어져
살아있는 듯 눈길을 끈다

아쉬워 푸른 하늘 쳐다보니
구름 사이로 나래를 펴내

새들의 소리 꽃진 자리 아우니
꽃은 떨어져도 노래를 부른다

지는 꽃도 피는 꽃도 바라보니
모두가 세월이어라

작별하는 손길 붉게 멍들지라도

나는 싱그러운 이파리

복분자

어깨가 으슥할 때가 있다 알아줄 때 그런 것이지
니나노 집에 들르면 어서 오세요 하는 소리
높게 들리면 반긴다는 소리
목에 힘이 가니 호기어린 모습 남들 앞서 셈을 치르게 되지
반가운 것은 사람뿐일까
이국 하늘 아래 덤불을 이루고 있는 복분자
얼굴이 새까맣게 탔다 분자야 그렇게도 외로웠더냐
알아주는 이 없었다는 뜻인지 호주머니 가득 땄더니
가시도 부드럽게 빨간 얼굴을 보인다

바닥

바닥은 밑이 아니다
지난날 가득 찼던 포만의 언저리가 있습니다
무논 바닥에는 애벌레가 비상을 하고 올챙이가 변신하는
탄생이 있고 부활이 있습니다
새들이 모이고 오곡을 키웠던 땅 떠난 자리는 바닥입니다
바닥이란 몸을 비웠다는 뜻이며
어머니 당신은 분명 바닥입니다
손바닥은 수시로 털지만 언제나 무거운 발바닥
하늘을 보는 날이
구름으로 피는 날입니다

이방인

한 마리 고양이 햇볕을 끌고 간다 그림자를 잡아먹는 시각 침묵의 의지가 선다 다져온 삶이 난자를 당하는 저간這間, 거두절미한 말들에 세론이 미혹되니 눈을 뜨고서도 혼미하다 그들만이 말을 하고 저들만이 글을 쓰니 공감하지 못하는 나 스스로만 고변하는 안타까운 마음 나 역시 이방인 외로운 이방인

정호다완茶婉

좌정하고 있는 막사발
이국에서 국보로 모셔졌으니
그릇도 때를 타 반상班常의 전도顚倒가 화려하다
민초의 향기는 자연이었어
물레가 형체를 만드는 사이 혼불은 손끝에서 피어났지
흙은 모체이려니 가리고 가려져 정화수 못지않은 유약을 입고
일천이백도 불꽃을 헤치며 정성어린 기도로 태어났다
겉은 소박하고 자연스러워
바라보는 이 마음이 편안하고
속은 매끄러워 생명이 울어나니
보고 마시는 이마다 그 맛 자유스럽다 하니
태생을 안태安胎라는 것이지

아카시아 꽃비 따라

팝콘이 열리던 날은 유월이었어
꿈을 키우던 유년이었지
하늘이 모두 하얗게 보였어
한 쟁반 뽀얗게 가득 튀겨 어머니는 나에게 주었지
마음도 몸도 두둥실 부풀었어
그 향기 깊이 새겨져 유월 하늘 아래 다시 피어나니
따뜻했던 누이의 모습도 해설피 웃는 얼룩이도
맑은 개울물도 보인다
이제 못 다한 희망도 잊혀지지 않는 증오도
사랑도 모두 버무려 햇살 좋은 날
눈부시게 아카시아 꽃비 따라 날리리

회안悔顔

꽃송이들이 속앓이를 보인다
엉거주춤 핀 듯한 모습
웃지 못해 미안하다는 듯
서먹한 얼굴이다
주먹만 한 빗방울 버티며
지난밤 모질게 이를 악물었으리
꽃 이빨이 숭숭하다
피어야 한다고 다지고 다진 마음
비가 개니 계면쩍게 입을 열고 있다
할 말 못다 해보이니 앞서는 연민
아쉬워도 위로하고 싶다
한 세상 활짝 웃고 싶은 마음
누군들 없었겠어

제자리

흐르지 않는 강물은 없다
산 여울도 시냇물도 흐르기는 마찬가지
제자리 지키며 놀고 있는 물고기를 본다
눈 챙이 만한 물고기 미물이라지만
가진 것은 지느러미 하나
삶이 분주하기 짝이 없다
쓸려 내려가나 싶으면 다시 오르고
너무 올랐다 싶으면 물에 몸을 맡긴다
세상사 강물 아닌 것이 어디 있으랴
아버지는 아버지같이 어머니는 어머니같이
자식은 자식으로서 공인은 공인으로서
모두가 제자리가 있으니
부족하다 싶으면 다시 채우고
과하다 싶으면 몸을 비우며
지킬 수 있는 한계를 스스로 알아
자리매김을 할 수 없는지

산여울

꼬리를 감출 때 여운이 길다
산 여울도 다름이 없으니
휘돌아가 다시 대하면 더없이 반가워
흘렀던 이야기 묻게 된다
숲속 빈터 이야기도 몸부림쳤던 웅덩이도
물속 지느러미들도 회포를 풀어보는 이야기
세상은 숲이려니 어렴풋한 그리움 앞에서
유년의 얼굴 마주 대하니 세월이 하얗다
많은 이야기 물어 보채니
주마등走馬燈 같은 여정旅程

그런 친구 어디 없나요

언제나 어느 뉘 부르더라도
나는 그곳에 가고 싶다

거절하지 않는 까닭은
그런 친구
나에게도 그립기 때문이다

보고 싶을 때 기쁨도 나누고
말하고 싶을 때 슬픔도 나누며
느끼고 싶을 때 아픔도 나누는

눈치를 보지 않고
있는 그 대로 형편에 따라
시간을 나누는 허물없는 친구

어딘가 있을 법도 한데
내키지 않아도 거절하지 못하는
그런 친구 어디 없을까

닿지 않을수록

닿지 않을수록 생생하다
기억의 언저리 그리움 하나
철썩거리는 본향이 샘터에서 솟구친다
감자서리 밀서리
지나간 시간 언제 어디서 찾으리
놓친 고기 허풍 같지만 닿지 않으니 뚜렷한 것을
수십 년 간직한 물건도 품에서 벗어나니
무늬도 또렷하다
삶들의 목소리 닿지 않을 때
실핏줄 하나에서도 아픔은 꿈틀거리려니
나에게서 멀어져간 닿지 않는 것들을
사랑해야지

목련은 피려하지만

간밤을 꼬박 지새운 목련
터전이 낯설다

정착이 무엇인지 산통을 더하는 너
힘 다해 피려나 보다
마지못해 피려는 네 마음이 아프다

눈총에 겨워 힘 다하면

노을인들 서산에 걸리겠느냐
건넛집 목련은 여려 해 되었다

터전을 옮긴 것은 바로 난데
기억해다오 느린 시간 앞에
우리는 기다려야 한다는 것을

5부
새는 울어 새벽을 열고

해수욕장

물결이 발목을 적신다
철썩철썩 파도의 말이 하얐다
된더위에 쫓겨 예까지 오니
벗겨지는 실체
눈살 찌푸리는 사람 하나도 없다
원초적 실상 앞에서 바뀌는 잣대
해변이라고 생각해본다
동산은 버려진 것인지
삶터인들 무엇이 다르랴
바닷가를 거니는 마음으로
자승자박을 푸는
탓하고 싶은 허상
열기 따라 높이 솟는다

임을 향한 마음이 있어

이국하늘 아래 임을 향한 마음이 있어
코스모스만 보아도 생각나는 본향

앞마당 무궁화를 보면 내 나라 사람이거니 반갑고
예상과 다르더라도 정다우니 살아가는 하루가 외롭지 않다

울컥하는 마음은 태극기뿐만 아니다
어딘가 무궁화동산이 있어 가슴 뿌듯하니 속일 수 없는 나의 핏줄

땅 끝까지 한 민족의 기백 내세워
어디든 그 꽃 피워 내 땅이거니 주류사회 중심에서
삶의 뿌리를 내리고 싶다

유속

개울에도 말이 많다

바닥에 깔린 물
속도는 느리디느려
가랑잎은 잰걸음으로 흘러간다

가득 차 물이 흐를 때 유속은 빨라
리프팅을 하듯
가랑잎은 제 모습 잘 보이지 않았다

그 시절 세월은 그리도 느린지
뱃가죽에는 더딘 시계가 있었어

바닥 삶이라 조석만 기다렸었지
정어린 기억은 그때가 돋보이는데

세월이 빠르게 느껴질수록
배가 부르다는 것
오늘날 남는 것이 없다

옥수수

하모니카를 불어본다
다디단 감칠맛
한평생을 들려주듯
등골이 다 빠진 옥수수 한 자루
이빨 사이 여운이 남는다
수액이 떠난 자리 제 몸 경직되어도
앙상한 등을 긁는 배려
효자손이려니 언제나 시원하다
세월도 따지고 보면
그 세월 까먹고 있었네
그녀가 같이하고 있었지
보낸 삶도 함께 하는 연주이거늘
남은 깍대기
서로가 시원하려나

추수감사절

사과의 말이 빨갛다
하늘 높이 구름을 돋우시고
색깔이 여물도록 작열하는 햇볕을 아울 어시어
먹음직스럽고 아삭한 속살을 주시어서
뜻한 바대로 더할 나위 없사온데
힘에 겨워 떨어지지 않게 고운 임 기다리게 하시니
드릴 말씀은 감사뿐이나
벤치에 앉은 고독이 그 말 짐작은 하지만
할 말이 없는 것은 익혀야 할 열매가 없음이니
허탈하게 붉게 마음만 쬡니다

새는 울어 새벽을 열고

외마디 울음에도 뒷면은 있다
새벽을 고하는 절규는 이름 모를 새의 울음
착각은 꿈에서도 일어났고 환청은 현실이 되었으니
처절하게 부르짖어도 외면하는 때 이른 아침
끊어질 듯 애타는 저 호소는 분명 자장가는 아니다
저토록 울며 새벽을 열 때는
이야기할 지난날이 있고 읊어야 할 절박한 말이 있다
허공이 벽이 될 때 울림은 진정 없는 것일까
대답은 봄비로 이어지고 메아리는 수면에 젖어 퍼진다
낙수 한 방울에 물은 얼마나 울고 있는가
손바닥만 한 꽃밭에 노크를 한다
두드려도 깊이가 닿지 않는 새싹을 찾아
애절한 눈빛이 울음으로 열리는 새벽
속삭이는 꽃들의 뒤치기는 모습을 그리며
울음의 뒷모습을 찾아본다

서리꽃

꽃 진자리 아쉬워 동무凍霧 따라 예 왔다
남들이 일컬어
서릿발이라 그 말하지만
아름다운 꽃 누군들 모를까
지는 색깔 어두운 마음
단색이라도
깨끗하게 덧칠하고 싶어 내렸는데
달리 말들이 많으니
기왕 내렸으니 그 뜻 알리려
꽃으로 피고 싶다
서리인들
그 꽃 피우지 못할까

짐꾼

말을 하지 않는 흔적은 없다
황산을 오르는 어깨결이 짐꾼들
무게의 훈장이 꿈틀거린다
휴화산 같은 어깨 용암이 부화하는 것 같아
삶이 안쓰럽다
뿌리를 따라 오르는 산의 무게가
한계에 부딪히는지 종아리마다 경련을 일으킨다
낙타 등처럼 짓눌린 어깨
식솔들의 면면이 어려있다
힘이 빠질까 봐 말조차 아낀다
경사를 오르는 처절한 하소연
짊을 벗게 하소서
주어진 길이라면 묵언이 따른다

눈꽃

하늘과 땅 사이 말에는 차이가 있다
있고 없고 높고 낮다는 말은 땅의 말
삶과 죽음도 다르지 않으니
함박눈 쌓인 눈밭을 걸어본다
직선이라 생각했는데 지그재그 곡선을 보이니
땅의 말은 굴곡이 있기 마련이다
앙상한 겨울나무 송이송이 눈으로 피어있다
삭풍은 꽃자리 거부하지만
풀이나 죽은 나뭇가지에도 하얗게 피었다
하늘의 언어는 기울기가 없다
햇볕도 비도 그러하니 삭여 듣지 못하였을 뿐
함께한 지 오래였었네

바다에 흐르지 못하여도

바다가 그리워
달려온 강물의 허탈
길은 멀어 범람할 수밖에 없었네
힘에 부쳐 주저앉으니
다가서는 체력의 한계
삼각주 사이로 습지를 만들었어
갯벌을 누비며 바위를 깎고 싶었는데
범람하게 되니 푯대는 사라졌다
갈 길은 다해도 흘러온 보람이 있어
남겨지는 습지는 광활한 델타
풍요로워 생육이 발랄하다
도중하차라 하더라도
후손들에게 살아갈 터전이 되었으니
그 강 바다에 흐르지 못하여도
넓고 깊어 보람이 되었네

길라잡이

눈밭을 누군가 걸었나 보다
발자국 뒤따르니
앞서 간 사람 고맙기도 하고
그 어려움 질게 느껴진다
탐방로 여는 사람들을 럿셀이라 하던가
산악길을 제설하는 그들 고통을 알 것 같다
선두에 섰던 지난날
밑그림이 되었던 흔적들이
아름드리나무가 되었다
싱그러운 그늘을 즐기는
그들은 알기나 할까

존재의 의미

사물마다 제 뜻이 있습니다
헤아리지 못할 뿐 그들의 말은 꾸밈이 없습니다
허리 굽은 나무들의 말은 지나간 강풍이려니
뿌리 깊은 말을 하고 있습니다
의미를 부여하니 다가서는 사물에는 진리가 있습니다
눈꽃이 아름다운 것은 가지마다 제 무게가 있어
아우는 조화가 있다는 것
빙판길이 눈을 부라리는 것도
부드러운 눈이라도 밟히면 꿈틀거린다는 것
삶의 비탈에 서니 존재의 의미가 살펴집니다

봄

한설을 헤치고 오셨습니다
능수버들 누렇게 개울물 따라오신다는 소식 들었습니다
삭풍을 떨치고 오시다니 할퀸 상처 오시는 길 보셨을 터
망연자실하다가도 오실 줄 알았기에 견디었습니다
보이지 않는다고 해서 멀어졌다고 생각하지 않았습니다
온다는 믿음이 두터웠길래 가슴이 두근거렸나 봅니다
머무는 시간 짧을지라도
새살이 돋고 삶이 잉태함을 믿고 있습니다
꽃으로 피었다가 뒤돌아서는 그대 모습 보고 싶습니다

그리도 헤매었나

잡힐 듯 말 듯 그 손 뻗으면
그만한 거리 달아나는 것 신기류였다

수없이 되풀이하여도
흘러간 것 그 거리 수십 년 세월이었어

한 몸이었지만
보지 못한 것 있으니 나의 등이었네

뒤돌아보니 행복이란
내 안에 있는 것 내가 만드는 것

하시下視

밑을 보고 살자 하였는데
나의 발은
그 뜻 알지도 못하는 것 같다
계단은 그렇게 잘 오르는데
밤에도 잘 내리는데
보도 위 높낮이 구별도 못 하다니
작은 턱에 꼬꾸라질 번한 몸
허공을 잡고서야 정신을 차린다
오늘의 화두는
개미구멍이 둑을 무너뜨린다는 것
그 말 씹으며 걷는다
발아 너도 바닥이 아니다
너 또한 네 밑을 잘 봐야 한다
무너지는 수가 있다

내가 누구인 줄 아느냐

장대 위에서 소리가 들린다
찢어질 듯 높은음자리 깃발의 소리다
갈기갈기 찢어진 입, 내가 누구인 줄 아느냐 한다
황당하기 짝이 없어 무심코 쳐다보니
갑질하는 소리
세속의 때가 꼈다 치석을 제거한 지 오래다
바람 탓이리라
바람을 타고 펄럭이다 그 바람으로 찢어졌으니
정체성도 알아보기 어려운데
저것을 왜 갈지 않는지
안타까워 장대를 흔들어본다

귤

뜻이 있는 곳에 사물이 있고
사물이 있는 곳에 뜻이 있습니다

귤 하나에도
모나지 않는 뜻을 느끼니
삶은 둥글어야 한다고 생각하며

귤 하나에도
부드러움이 느껴지니
삶은 살가워야 한다고 생각하며

귤 하나에도
몫이 넉넉하기에
베풀고 살아야 한다고 생각하며

귤 하나에도
나눔이 분명하기에
차별이 없어야 한다고 생각하나

여전히 모르는 것은
그 색깔입니다
왜 노란지

주상절리

직립은 그 자체로 준엄하다

흠칫 놀라는 파도가
입에 흰 거품을 물고 돌아선다

창파滄波를 굽어보는 갯깍주상절리는
뜨겁게 흘렀던 기억으로
쾌도 같이 서슬이 퍼렇다

하늘과 땅을 수직으로 그으니
파고는 몸을 낮추고 꼬리를 내린다

교장 선생님의 훈화 앞에서
직립은 햇볕도 막무가내였지

직각을 고수하던 젊음의 연병장
포효하는 극기와 패기다

고난 앞에서 각인된 십자가는
뼈 속 깊이 화석이 되었으니

세파들도 주춤거리는
추상같은 마음속 주상절리

철이 든다는 것은

철이 든다는 말이 있다
철이 든다는 것은
사시사철 계절을 먹는다는 뜻
먹다가 보면
제 갈 길도 안다는 말이니
얼룩진 지난밤이었다
비바람이 거세게 불어도
계절의 마중물이라 여겨
흑암을 곱씹으며 여명을 맞았다
산다는 것은 깊어간다는 뜻
바람도 길이 있듯이
세월도 가는 길이 있어

보이는 길이 아니라
익어가는 길 생각이 깊어

내 안에서 숙성되는 길

문

육중하게 드려진 문
근접을 불허하며 손사래 친다
태생이 주물이라서
말을 해도 대꾸가 없으니
여닫는 것만 소임인 줄 알았는데
허락과 불허가 내재하고 있다
지난날 작대기 하나만 걸쳐도
의중을 알았는데
철갑을 두르고 눈을 부릅뜨니
답답한 심정 벽을 느낀다
꽉 닫힌 문 또 하나 있다
열쇠조차 없으니
소통과 불통의 양면성을 본다
천국의 계단에도
십자형 열쇠가 있다는데

삶의 행렬

긴 줄이 목을 축이고 있다

마디가 된 사람들
그 빛은 검고 간간이 누렇다

행간 사이로 꿈틀거리는
사족蛇足의 무늬다

고독도 때로는 덩달아
조바심이 손끝으로 흐르니
원천은 늙은이
낡은 지폐 한 장이 떨고 있다

무너지는 구두 뒤축
자조하는 듯 합죽하니

정수리는 마지막 반사경
낯익은 모습 하나
떠밀리듯 일렁인다

한 줄기 바람인 것을

온몸 흔드는 것은 바람이었다

바람이 내는 소리 숲에서 더하고
그림자를 움직이는 것도 바람이거늘 언제 날갯짓인들 하고 살았던가

창공을 날으는 독수리 날갯짓하던가

질주하는 흐름에 순응하는 들꽃처럼 오월 난간에 서서 바람이 분다

한 마리 부엉이가 나르고자 바위는 그렇게 있어야 했나
한 마리 부엉이를 날리려고 바람은 이리도 불어야 하나

녹음을 바라보는 싱그러움도
한 줄기 바람인 것을

존재

잎이 있어 바람은 말을 하고
제 몸 먹칠하며 구름은 비를 읊는데
뜻은 어디에 있어 그 말 하는지

강물은 흘러가는 곳 스스로 알고
새는 울어 짝을 찾으려 하는데
꽃은 피어서 아름다워지려 하네

눈빛이 마주칠 때
그 뜻 어느 뉘 모르는 이 있을까마는
가는 곳 알지만 모르는 척 오늘에 사니

생명이 있으나 없으나
존재에는 의미가 있는 것

단지 깨닫지 못할 뿐
보이지 않는다고 그 뜻 믿지 않으니

분수

솟구치는 분수를 봅니다
나래를 펴니 물안개 자욱하게
몽롱한 시 계속으로 눈길에 젖습니다

용솟음칠 때는 분별이 없어보이나
높낮이가 서로 다르니 분무가 됩니다

더러는 빛이 되고 색깔이 되니
아름다운 무지개 하늘에 걸립니다

태어날 때 그 울음 다름이 없으나
사람마다 울림이 다르니
세상의 빛이 되는 어느 누구 있습니다

그 빛 눈앞에 선하게 다가서니
한 점 색깔이고 싶은 하루
말없이 가다듬는 묵언입니다

내 모습이 어때서

운명이란다
모양도 얼굴도 가지각색
장미는 장미대로 억새는 억새대로
모두가 제 나름으로 멋을 낸다
자작나무는 시원스러워고
소나무는 그 기상이 늠름하다
모양 짓는 각가지 기암괴석들
생김생김 나름이 있다
모래는 부드러워 숨이 가지런하고
강아지는 귀여워 친구가 된다
잡초라 할지라도
이슬이 맺히면 영롱한 모습
비바람이 거세도 부러지지 않아
뒤척일 뿐 내 모습이 어때서
마음을 가벼이 하니
닿는 곳마다 편안하다

그늘

그림자가 부럽다
햇볕을 먹고 살기는 매한가지인데
누구는 이곳저곳 싸돌아다니면서
그림자라 이름하며 자유스럽기만 하다
다 같이 주인에 빌붙어 사는 주제에
피부 색깔도 다를 바 없는데 못 본 척하다니
오뉴월 햇볕 아래 정수리 따가우면
언젠가 찾아들겠지 우리가 어디 남인가
낳으시고 길러주신 빛
못본 척 하겠어

한밤의 대화

시공이 캄캄해지면 몸 바닥은 넓어지고 대화는 어두워진다
코 고는 소리에 화답하는 이가는 소리
의식을 비우니 몸도 비우고 뼈도 비워지는 듯 바람 빠지는 소리
어둠 속에서 더하니 깡통같이 요란하다
비워질수록 커지는 허공 귀에 들리는 것은 그들의 마찰 소리
무위는 자연이라는 데 소리는 왜 커지는지

그대 누구인지

나무가 말을 하는데, 추위를 무릅쓰고 발가벗고 말을 하는데, 걷치레 하나 없이 말을 하는데, 그대 누구인지 알 수가 없었다. 오월의 신록이라 하지만, 잎을 보아도 아리송하고, 꽃을 보아도 종잡을 수 없으니, 열매가 열리면 뒤늦게 알아볼까. 처음에는 긴가민가하겠지만, 햇볕을 가린다고 색안경마저 꼈으니, 누구인지 알 턱이 더더욱 없네. 그러니 하는 말을 어이 알겠어, 시력은 분명 1.2라지만 귀밝기도 훤한데.

불꽃은 사이프러스 나무 위에서 피고

초판인쇄일 2015년 9월 13일
초판발행일 2015년 9월 17일

지은이 : 송용일
펴낸곳 : 도서출판 문학공원
발행인 : 김순진
편집장 : 전하라
디자인 : 김초롱
등 록 : 2004년 3월 9일 제6-706호
주 소 : (우편번호 02586)서울 동대문구 난계로 26길 17호
삼우빌딩 C동 302호 스토리문학사
전 화 : 02-2234-1666
팩 스 : 02-2236-1666
홈페이지 : http://cafe.daum.net/yob51
이메일 : 4615562@hanmail.net

※ 잘못된 책은 교환해 드립니다.

※ 책값은 뒤표지에 있습니다.